Anatomía del Autismo

Guía de Bolsillo para Educadores, Padres y Estudiantes

Diego M. Peña

Copyright © 2017 Diego M. Peña

Todos los derechos reservados.

ISBN-13: 978-1546998334
ISBN-10: 1546998330

DEDICATORIA

Este libro está dedicado a Amanda Johnson, mi compañera de comunicación y extraordinaria terapeuta conductual. Amanda, este libro no sería posible sin ti.

ÍNDICE

	Agradecimientos	i
	Prólogo	1
1	Introducción	3
2	El misterioso espectro autista	5
3	Houston, tenemos un problema sensorial	7
4	No me dejes sin voz	9
5	Enciende el motor	11
6	Conclusion	13
	Epílogo	15
	Recursos de comunicación alternativa	19
	Glosario	23
	Nota sobre el autor	26

AGRADECIMIENTOS

Tengo muchas razones por las que estar agradecido. Ante todo, estoy agradecido por mis padres y mi familia, por apoyar mis logros y hacerme sentir especial y orgulloso siempre que alcanzo mis metas. Tengo una madre excepcional, que luchó por conseguir que pudiera comunicarme. Sin ella, no tendría voz. Agradezco enormemente a Soma Mukhopadhyay, por iniciarme en mi viaje hacia la comunicación. Le doy las gracias a Ido por escribir el prólogo. ¡Gracias, amigo! También quiero expresar mi mayor gratitud al equipo Diego y todos los terapeutas y maestros que lo integran, Amanda Johnson, Robin Mesaros, Katie Anawalt, Kimberly Perry, Ali Steers, Brynne Blumstein, la Sra. Wood, la Sra. Medina, la Sra. Narasaki y la Sra. Kitchen, quienes ponen todo su empeño y esfuerzo en mejorar mi vida y enseñarme las destrezas que necesito para tener éxito. Me siento muy afortunado de contar con ellos. Agradezco infinitamente el apoyo que me brinda la dirección de mi escuela, Carol Bjordahl, Jo Kolb, y John Reilley, en mi progreso académico. Gracias a Maria (Tata) Vallejo, Lizet Del Castillo, Marcia Smith por contribuir a traducir este libro. Por último, estoy agradecido porque puedo comunicarme. Nací sin voz, pero a través de vías alternativas, ahora tengo una. La tecnología me salvó de una vida de silencio.

PRÓLOGO
por Ido Kedar

Diego Peña es un afortunado niño autista de nueve años de edad. Diego pudo haber quedado sin voz, sin poder comunicarse durante toda su vida, como muchas otras personas que no pueden hablar y tienen control limitado sobre su sistema motor. Hay personas que a menudo se quedan estancadas porque parece que no entienden, que actúan de manera extraña, y los expertos suponen que no entienden el lenguaje. Pero Diego, a pesar del autismo, es un estudiante de educación general que asiste a una escuela regular y es muy inteligente, como lo demuestra este libro.

Cuando yo tenía la edad de Diego,

nunca conocí a nadie con autismo que usara una máquina que le permitiera escribir para comunicarse. Ahora conozco a muchos. Diego se ha podido beneficiar de las experiencias de otras personas autistas que emprendieron un viaje similar antes que él. Ahora Diego abre su propio camino y supera sus propios obstáculos. Sin embargo, Diego no solo está cambiando su vida, sino también la vida de otros autistas que seguirán sus pasos. En la escuela, Diego es un embajador que enseña a sus compañeros y profesores mediante su propio ejemplo sobre el potencial que tienen las personas con autismo.

El contenido de estas páginas refleja de forma clara y breve mis experiencias y las de otras personas con autismo. Estoy orgulloso de Diego por emprender esta tarea con el fin de ayudar a mejorar la vida de aquellos diagnosticados con autismo y sus queridas familias.

1 INTRODUCCIÓN

El mundo "neurotípico" o común, no entiende, por lo general, la realidad del autismo. Las muchas características que nos hacen autistas no se deben ver como defectos. Los autistas podemos ser héroes, pero nuestras capacidades son tan singulares como nuestras discapacidades. Es por esta razón que la gente necesita ver lo que podemos hacer y no lo que no podemos. Estar en un espectro significa que el autismo nos afecta de manera diferente, nos hace únicos. En este libro hablo sobre el sistema sensorial, la comunicación y el sistema motor. El sistema sensorial para una persona autista crea muchas dificultades en la vida cotidiana. La comunicación es difícil, pero es posible con las herramientas adecuadas. La planificación del sistema motor es un reto porque el cerebro y el cuerpo están incomunicados. ¡El propósito de este libro es cambiar las suposiciones que las personas tienen del autismo!

2 EL MISTERIOSO ESPECTRO AUTISTA

El espectro autista se utiliza para identificar la gravedad de los síntomas de los individuos que han sido diagnosticados con autismo. Este mismo sistema también se utiliza para determinar los déficits. El término espectro no tiene por qué ser negativo. Se puede utilizar como indicador a la hora de proveer tratamiento para que tengamos éxito tal como somos, sin la necesidad de cambiar lo que estamos destinados a ser. El espectro nos permite ser únicos y debe adaptarse a nuestras individualidades. He sido juzgado, pero también he experimentado la libertad. Cuando me juzgaron, las pocas esperanzas ataron mis alas y no pude volar. Ahora que se me acepta ser autista, puedo ascender más alto. El espectro es importante para poder entender, pero solamente se debe utilizar con ese fin. El diagnóstico del autismo es ya de por sí un gran reto, por lo que aconsejo evitar catalogarnos con limitaciones que trascienden las que ya traemos de nacimiento. Ninguna persona debe ser conocida solamente por un manojo de palabras técnicas escritas en un libro. Con estas palabras comenzamos nuestro viaje autístico, pero no nos guiamos por ellas para seguir nuestro camino. Los especialistas y los diagnósticos son importantes porque necesitamos acceso a los servicios médicos, pero no a cambio de nuestra dignidad. A quienes lean estas palabras les pido que nos miren, no solo superficialmente sino en lo más profundo de nuestro ser.

3 HOUSTON, TENEMOS UN PROBLEMA SENSORIAL

Imagínate que estás atrapado en una habitación, rodeado de todas las cosas que más te disgustan. Ahora piensa en cómo te sientes. ¿Te sientes tranquilo y relajado o te sientes ansioso? Yo creo que te sientes ansioso. Bienvenido a la experiencia sensorial autista. Nuestro sistema sensorial está en constante celeridad, por consiguiente, participar de la vida cotidiana se convierte en todo un reto. Todos tenemos los mismos sentidos, pero el cerebro autista experimenta todas las cosas de manera intensa, haciendo casi imposible controlar las situaciones. La sola verdad es que mi conducta autista se refleja en mi modo de actuar, y es que la ansiedad obliga a mi cuerpo a reaccionar constantemente al sistema sensorial. El ruido es el que más afecta mi sistema sensorial. Los ruidos siempre se me amplifican porque no puedo desacoplar los ruidos de fondo. Esto es lo más difícil de controlar. También me cuesta trabajo controlar los sentidos de la vista, el tacto y el gusto. Con el olfato no tengo problemas, pero otros autistas sí. Las cosas las veo con intensidad, lo que a veces me confunde ya que presento comportamientos auto-estimulantes visuales (*visual stimmer*). El tacto puede ser una experiencia buena o mala, depende del control de mi cuerpo, pero por lo general acepto el contacto físico. El gusto es complicado porque me gusta el sabor de muchas cosas, pero no así la textura. Cada autista tiene experiencias sensoriales diferentes, aunque con algunas semejanzas que demuestran nuestras dificultades diarias. En el futuro, cuando te encuentres con un autista, no pienses que te está ofendiendo, te prometo que no es así.

4 NO ME DEJES SIN VOZ

La comunicación es mi derecho como persona, sin importar cuán polémicas sean las vías para lograrlo. La comunicación es vital para la vida, pero los que pueden hablar, la dan por hecho. La comunicación es más que hablar; es el sustento del amor, la amistad, las necesidades y el éxito. ¿Ocurren injusticias en la comunidad autista? La respuesta es sí y es porque se malinterpretan nuestros retos de comunicación. Yo en particular nací sin la capacidad de hablar debido a que padezco de apraxia. Esto también me dificulta iniciar una charla jovial o corresponder a los saludos. Créeme, yo quiero hablar contigo. Mi incapacidad para hablar se confunde con mi inteligencia. Yo sí tengo voz. Yo hablo con un

"*Talker*," mi *iPad*, y puedo expresar mis pensamientos como los demás. Me encanta escribir porque me permite ser creativo, ingenioso y sentirme libre de autismo. La escritura me libera de las cadenas de mi cuerpo. Para nosotros que no podemos hablar, la comunicación aumentativa y alternativa (ACC por sus siglas en inglés) es una gran manera de comunicarse. Los autistas que pueden hablar también necesitan ayuda para comunicarse y expresar sus pensamientos. Enseñar y practicar la comunicación de manera efectiva debería ser una prioridad cuando se trabaja con los autistas. No hay nada peor que nos excluyan de la conversación. Háblanos, por favor, nos encanta participar de la charla. Tú tienes el poder de cambiar la opinión que los demás tienen de los autistas.

5 ENCIENDE EL MOTOR

Para algunos autistas es un gran reto lograr que el cuerpo funcione en sintonía con el cerebro. Esto se llama planificación motriz y también es el demonio de la apraxia. Mi cerebro y mi cuerpo no comunican los mensajes de la misma manera que lo hacen la mayoría de las personas. Como dijo uno de mis compañeros de clase, es como cuando pierdes la conexión *wifi* y tu video en *YouTube* deja de cargarse. Esto es un tremendo dolor de cabeza. Es la razón por la que no puedo hablar ni escribir. Es la razón por la que aprender habilidades nuevas es como subir una escalera mecánica al revés. Y es también la razón por la que las personas piensan que no soy capaz. Pero entiendo todo lo que me pides. Siempre supe lo que se supone que debo hacer, pero los grilletes del autismo restringen mis respuestas. La gente necesita reconocernos más. Tendré que practicar muchísimo, pero lo conseguiré. El mayor obstáculo que enfrento es escuchar a mi cerebro antes que a mi cuerpo. El autismo controla el cuerpo. El autismo vive en el cerebro, lo que nos hace actuar de manera diferente, pero no confundas eso con mi inteligencia. Me siento limitado y asfixiado por mi sistema motor y expreso impulsos involuntarios. Es difícil controlar mi cuerpo, pero mi meta es lograr la coordinación entre mi cuerpo y mi cerebro. Cuando te encuentres con alguien como yo, no dejes de enseñarle; somos capaces de aprender. Sí somos capaces de ser superestrellas motrices a nuestro propio ritmo. Y no te quede duda que nos esforzamos todos los días por lograrlo.

6 CONCLUSION

Las personas que enfrentan la injusticia son mi mayor inspiración. Me dan fuerza para poder luchar como un león por los autistas día a día. El mejor consejo que les puedo dar a personas con autismo es que luchen por su derecho a tener un lugar digno en el mundo. A todos los padres, sigan tratando sus hijos con mucho amor. A todos los maestros, sigan trabajando por lograr que todos los niños con autismo tengan una educación igual a la de los demás. Para mi gran equipo de terapia, ustedes son los mejores, y cambiarán el mundo para los autistas. La vida con autismo me ha enseñado el amor y la compasión. La compasión puede cambiarlo todo. Fin.

EPÍLOGO
por Edlyn Vallejo Peña, Ph.D.

¿Cómo podría describir lo que se siente al ver a tu hijo expresar por primera vez sus complejos y emocionantes pensamientos después de tantos años de silencio? Te quedas sin aliento. Antes de que Diego aprendiera a comunicar sus pensamientos, mi esposo Damien y yo lo amábamos tanto como hoy. Pero en realidad, no conocíamos a nuestro hijo. Sus movimientos involuntarios, las vocalizaciones inesperadas, su incapacidad para hacer contacto visual e inhabilidad para seguir instrucciones impedían que conociéramos su intelecto y espíritu que estaban escondidos. Estábamos completamente equivocados sobre sus capacidades. Con el tiempo, con cada palabra que deletreaba y escribía en el *iPad*, fuimos descubriendo la personalidad de Diego, su sentido del humor y talento. Nos sorprendimos de su interés sobre temas como los ecosistemas, los derechos civiles y la historia de la paz con tan solo 6 años de edad. Lloramos cuando se disgustaba porque no podía expresar sus angustias: "Es muy difícil y me escucho ridículo," decía. Nos erizamos cuando escribió profanidades para llamar la atención. Nos reímos con sus chistes. Admiramos sus enormes deseos por "acabar con las obsoletas ideas sobre el autismo." Después de casi cuatro años comunicándonos por medio de un tablero y un teclado, sus expresivas palabras todavía nos sorprenden y nos encantan. Ahora conocemos a Diego. Ahora el mundo conoce a Diego. Ya no es invisible para los demás. Al poder comunicarse, Diego tiene un lugar en este mundo.

Es cierto que el camino para lograr que Diego pudiera aprender a comunicarse por medio de un tablero y un teclado ha sido uno lleno de obstáculos. Diego tuvo la dicha de participar del programa *Rapid Prompting Method* (Método de apoyo rápido) de Soma Mukhopadhyay en Austin, Texas a una temprana edad. En ese momento, muy pocas compañías de seguro médico en nuestra área participaban en este programa, cuyo enfoque educativo conduce a la comunicación. Algunas se opusieron completamente a este método. De hecho, varias nos exigieron que no lo usáramos. De manera muy cortés ignoramos sus peticiones. No dudamos de nuestra decisión ni por un segundo. Jamás privaríamos a Diego de su voz.

A menudo me detengo a pensar en el futuro de Diego. Antes creía que lo que más deseaba para él era la felicidad. Pero no; la felicidad es pasajera. Ahora, lo que más quiero para Diego es que tenga una vida plena, llena de metas y ambiciones, con la que pueda participar activamente y contribuir a la sociedad. Es por esto que su acceso a la comunicación es nuestra prioridad. Sin la comunicación no puede haber oportunidades ni metas. Ahora que puede comunicarse de manera significativa, Diego ha pasado de ser un receptor pasivo aislado en un aula de educación especial a un líder estudiantil que contribuye a la enseñanza de sus compañeros no autistas en un salón de clases regular. Diego ganó el premio que otorga el programa *Gifted and Talented Education* (Educación para Dotados y Talentosos, GATE, por sus siglas en inglés). Y ahora ha publicado su primer libro. *Anatomía del Autismo* se ha utilizado alrededor de los Estados Unidos para el desarrollo profesional de los maestros y se incluye como lectura obligatoria en cursos universitarios de posgrado. Deseo para Diego lo mismo que deseo para todos los estudiantes autistas cuya comunicación es limitada. Diego marcará una huella indeleble en este mundo, porque contribuirá de formas que sobrepasan los límites de nuestra imaginación. Todos los autistas merecen la oportunidad de convertirse en líderes y embajadores del cambio.

RECURSOS DE COMUNICACIÓN ALTERNATIVA
(En orden alfabético)

LIBROS

Autism: Sensory-Movement Differences and Diversity
Martha R. Leary & Anne M. Donnellan (2014)

Carly's Voice: Breaking Through Autism
Arthur Fleischmann & Carly Fleischmann (2012)

How Can I Talk if My Lips Don't Move?: Inside My Autistic Mind
Tito Mukhopadhyay (2008)

Ido in Autismland: Climbing Out of Autism's Silent Prison
Ido Kedar (2012)

Plankton Dreams: What I Learned in Special Ed
Tito Mukhopadhyay (2015)

The Reason I Jump: The Inner Voice of a Thirteen Year-Old Boy with Autism
Naoki Higashida (2013)

Typed Words, Loud Voices
Amy Sequencia & Elizabeth J. Grace (2015)

DOCUMENTALES

A Mother's Courage: Talking Back to Autism (2010)

Dillan's Voice (2016)

My Voice: One man's Journey Through the Silent World of Autism (2017)

Spectrum: A Story of the Mind (2017)

The Power of Finding Your Voice (Tedx Talk by Parisa Khosravi) (2017)

Wretches and Jabberers (2010)

ORGANIZACIONES

A.C.E. Teaching and Consulting

Autism and Communication Center, California Lutheran University

Builders of Eloquence and Engagement, LLC *(Se habla español)*

Golden Hat Foundation

Growing Kids Therapy

Helping Autism through Learning and Outreach (HALO)

Hope, Expression and Education for Individuals with Severe Disabilities (HEED)

Hussman Institute for Autism

Institute on Communication and Inclusion, Syracuse University

Loris Farah *(Se habla español)*

Optimal Rhythms/Access Academy

Reach Every Voice

Resource for Education, Advocacy, Communication, and Housing (REACH)

RPM+ for Autism and Other Disabilities

TASH

Unlocking Voices – Using RPM

GLOSARIO

Apraxia: De acuerdo con la Asociación Americana del Habla, el Lenguaje y la Audición (*American Speech-Language-Hearing Association*), "la apraxia del habla infantil (CAS, por sus siglas en inglés) es un trastorno de la programación motora del habla. Los niños con CAS tienen problemas con la secuencia de sonidos, sílabas y palabras. Esto no se debe a algún tipo de debilidad muscular o parálisis. El cerebro presenta dificultad para planificar el movimiento de las partes del cuerpo, por ejemplo: labios, mandíbula, lengua, necesarias para el habla. El niño sabe lo que quiere decir, pero su cerebro tiene dificultad para coordinar los movimientos musculares necesarios para decir dichas palabras." (http://www.asha.org/public/speech/disorders/ChildhoodApraxia/)

Comunicación aumentativa y alternativa (AAC, por sus siglas en inglés): La Asociación Americana del Habla, el Lenguaje y la Audición (*American Speech-Language-Hearing Association*) define la AAC como "todas las modalidades de comunicación (aparte del habla) utilizadas para expresar pensamientos, necesidades, deseos e ideas. Todos utilizamos este tipo de comunicación cuando usamos gestos, expresiones faciales, símbolos, ilustraciones o la escritura." (http://www.asha.org/public/speech/disorders/AAC/)

Sistema motor: Sistema del cuerpo humano que procesa el movimiento, tanto voluntario como involuntario.

"Neurotípico": Persona que no padece de autismo. A los autistas o personas con diferencias neurológicos a menudo se les llama "neurodiversos," en oposición a los que no son autistas, que se consideran "neurotípicos."

Talker: Lo que las personas a menudo se refieren como dispositivo de comunicación o dispositivo generador de voz, por ejemplo: iPads o tabletas.

Sistema sensorial: El sistema del cuerpo humano que procesa la información sensorial, como oír, tocar, ver, gustar y oler.

Comportamientos Auto-estimulantes (*Stimming*): Por lo general, la comportamientos auto-estimulantes se manifiesta a través de movimientos repetitivos del cuerpo o de objetos.

NOTA SOBRE EL AUTOR

A los 9 años de edad, Diego M. Peña es un defensor del autismo. En su agenda incluye los derechos de los discapacitados, la inclusión y la educación sobre el autismo. La capacidad limitada para hablar de Diego no le impide propulsar la aceptación del autismo y que los demás tomen conciencia del mismo a través de sus escritos y presentaciones. Para comunicarse, Diego utiliza un *iPad*, un tablero de letras y un teclado. "Anatomía del Autismo" es su primera publicación. Le gusta nadar, montar a caballo, jugar con el *iPad*, escribir cuentos cortos y pasar tiempo con su ingenioso papá, su increíble mamá y su cariñosa abuela Tata.

Made in United States
Orlando, FL
21 March 2024